Sucessão na empresa familiar

Lazuli
editora

SUCESSÃO NA EMPRESA FAMILIAR

LESLIE AMENDOLARA

Editor: Miguel de Almeida

Auxiliar editorial: Julio César Caldeira
Ana Paula Cardoso
Projeto gráfico e capa: Werner Schulz
Editoração e gráficos: Eduardo Burato
Revisão: Mauro de Barros

```
            Dados Internacionais de Catalogação na Publicação (CIP)
               (Câmara Brasileira do Livro, SP, Brasil)

Amendolara, Leslie
   Sucessão na empresa familiar / Leslie
Amendolara. -- 2. ed. -- São Paulo : Lazuli
Editora, 2005. -- (Série Apimec)

   Bibliografia.
   ISBN 85-89052-18-4

   1. Empresas familiares 2. Empresas familiares -
Brasil 3. Empresas familiares - Administração
I. Título. II. Série
05-2373                                          CDD-658.045
```

Índices para catálogo sistemático:
1. Empresas familiares : Administração 658.045

Proibida a reprodução, mesmo parcial, por qualquer processo, sem autorização expressa da editora.

Direitos reservados à Lazuli Editora

Rua Inácio Pereira da Rocha, 414 - Pinheiros
CEP 05432-011 - São Paulo, SP - Brasil

SUMÁRIO

PREFÁCIO	7

1ª PARTE
PODER E CONFLITOS

I - Breve Histórico da Origem da Empresa Familiar no Brasil	13
II - O Poder na Empresa Familiar	16
III - O Conflito de Gerações	18
IV - A Abertura do Processo Sucessório	21

2ª PARTE
OS INSTRUMENTOS PARA PROMOVER A SUCESSÃO

I - Instrumentos para Preservar a Empresa na Família	33
II - Os Instrumentos Externos	40

MODELOS BÁSICOS

• Contrato de Acordo de Acionistas	49
• Estatuto Social de Fundação	52
• Contrato Social de *Holding*	55

BIBLIOGRAFIA	61

PREFÁCIO

"Enquanto os homens são sujeitos às paixões, não se pode dizer que eles concordem por natureza. Na medida em que são dominados pelas paixões podem ser reciprocamente contrários"

(Spinoza – *Ética*)

O tema "Gestão de Empresa Familiar" sempre foi um assunto fascinante para aqueles que militam no meio empresarial e lidam com questões a ele relacionados.

Particularmente neste início do novo século, ganha especial importância pela troca de comando em muitas famílias de empresários, com a terceira geração assumindo os negócios no momento em que a globalização e as transformações na economia mundial impõem novos conceitos de gestão que tornam a administração de uma empresa, ainda que não seja de grande porte, uma tarefa difícil e complexa.

Dentro deste contexto, o livro do consultor e advogado Leslie Amendolara A sucessão na empresa familiar surge com especial senso de oportunidade e sem dúvida deverá despertar interesse de grande número de leitores. Passa também a fazer parte da Série APIMEC, que já contabiliza boa variedade de títulos, ligados ao meio empresarial e ao mercado de capitais.

O livro divide-se em duas partes. Na primeira o autor faz uma interessante análise histórica do assunto e avalia o poder dentro da empresa familiar e o conflito de gerações. Depois apresenta a abertura do processo sucessório com suas diversas fases e os riscos que devem ser administrados.

Mesclando experiências da vida empresarial com conceitos jurídicos, o autor passa a expor na segunda parte os instrumentos disponíveis para que se promova a sucessão. Neste item são explorados conceitos eficazes para equacionar a sucessão de um patriarca como a constituição de *holdings*, operações de mercado de capitais e todo um arcabouço jurídico societário.

A força da economia de um país está sempre ligada ao poder de geração de poupança interna e a uma forte base de empresas nacionais com capacidade tecnológica, boa estrutura de capital e gestão estável.

O autor, comprovadamente detentor de grande conhecimento e experiência sobre o tema, apresenta assim uma grande contribuição para que muitas das empresas que estejam vivendo momento de transição possam ser ajudadas a fazer esta travessia de forma mais segura e eficaz.

A leitura desta obra vai ajudar ainda aqueles que por um motivo ou outro têm que se relacionar com empresas com essas características a entender melhor sua dinâmica e sua lógica. Falo de stakeholders como bancos, fornecedores, clientes e comunidade na qual a empresa esteja inserida.

Em uma linguagem fácil e didática, o autor consegue tratar de um tema complexo de forma simples e acessível, o que torna esta obra recomendável para uma larga gama de leitores.

Boa leitura!

Humberto Casagrande Neto
Presidente Nacional da APIMEC

NOTA DO AUTOR PARA A 2ª EDIÇÃO

Este livro, esgotado há alguns anos, sai agora em segunda edição revista e atualizada, mantendo o mesmo propósito de oferecer aos empresários, administradores de empresas, advogados e quantos se debruçam sobre a matéria uma visão prática e objetiva da sucessão na empresa familiar.

Os conflitos e os problemas que a envolvem basicamente não mudaram, eis que a origem e a raiz das questões quase sempre são de ordem sentimental e interesses pessoais.

Novos instrumentos para equacionar a sucessão, em especial aqueles de busca da solução fora da empresa, sem que a família deixe de participar, ainda que minoritária, são agora utilizados com maior freqüência e eficiência como fundos de pensão, operações de management *buy-out* e *private equality*.

O propósito principal deste pequeno trabalho é não apenas manter viva a empresa familiar, como também propiciar condições de oferecer ao patriarca esclarecido os meios que permitirão sua continuidade.

Grandes empresas multinacionais deixaram de ser controladas de modo absoluto pelas famílias que as fundaram, e fortaleceram-se ainda mais pela profissionalização de seus conselhos de administração, diretoria executiva e abertura de capital.

O espírito patrimonialista de boa parte do empresariado brasileiro, fruto da cultura mediterrânea de apego excessivo ao domínio, ao sentimentalismo e ao carisma, começa a mudar, levado pelo conceito moderno de que a grande empresa tem um sentido social, que ultrapassa os próprios homens que a dirigem e controlam. Nem se diga que é por altruísmo. É por necessidade.

A complexidade tecnológica, a profissionalização, a exigência de vultosos recursos para investimentos, nem sempre disponíveis dentro do círculo familiar, tornam cada vez mais importante um planejamento ordenado e rápido da sucessão para que a empresa não sofra os traumas de um prolongado conflito.

Esperamos que as reflexões e os instrumentos resumidos nessa obra possam contribuir para o seu propósito: manter a empresa viva na família ou com a família.

O Autor

1ª PARTE

PODER E CONFLITOS

I. BREVE HISTÓRICO DA ORIGEM DA EMPRESA FAMILIAR NO BRASIL

Para melhor compreendermos a empresa familiar brasileira serão necessárias pequena retrospectiva histórica e uma análise de seu empreendedor inicial, cuja marca ainda hoje não se apagou totalmente. Roger Bastide, sociólogo francês que viveu no Brasil durante quinze anos e lecionou na USP, em seu célebre livro *Brasil Terra de Contrastes*, expressão depois repetida por quantos estudam nosso país, detectou, já no período colonial, o germe de nosso atraso comercial em relação a outros países do continente americano. Diz Bastide: *"Portugal, apegado ao espírito colonial, proibia a indústria e o comércio em sua colônia. Só tolerava a escola primária ou o colégio dos jesuítas. Brasileiro que quisesse prosseguir sua instrução deveria ir a Coimbra. Portanto o Brasil, uma vez independente, teve duplo atraso econômico e intelectual e perdeu tempo criando o aparelhamento necessário ao seu progresso industrial, ou ao seu equipamento universitário"*. Apenas em 1827, com a criação dos cursos jurídicos em São Paulo e no Recife, instala-se um curso superior.

No último quartel do século passado, durante o período final do reinado de D. Pedro II, é que começam a surgir os primeiros sinais da indústria nascente, ao mesmo tempo em que se instala, avassaladora, a cultura do café, que reinará até a derrocada de 1929.

A partir de 1875 chegam os imigrantes italianos, alemães, espanhóis, além dos portugueses; estes últimos já como estrangeiros e não mais como senhores. Depois os sírios, libaneses e, finalmente, os japoneses.

Quem era esse imigrante?

Entre 1848 e 1890 a Europa viveu um período de grande convulsão social. A França foi sacudida por duas revoluções sangrentas e uma guerra (franco-prussiana de 1870) em que foi invadida pela Alemanha. Esta última procedeu à sua reunificação, através da mão de ferro do chanceler Bismark, o mesmo ocorrendo com a Itália, cujo processo doloroso e difícil a deixou exaurida.

Meu avô paterno contou-me que em sua cidade, no sul da Itália, todos os dias centenas de jovens sentavam-se nos bancos da praça, sem trabalho e sem pão. Ele chegou ao Brasil em 1901, deixando minha avó com meu pai em gestação, filho que não viu nascer e somente foi conhecer em 1911, quando chegou a família. Tinha 24 anos apenas quando veio sozinho para nosso país.

Enquanto isso ocorria na Europa esgotada, a América do Sul estava semivirgem. Imaginem um país como o nosso: imenso, coberto ainda de florestas, despovoado. Tudo por fazer. O imigrante trabalha de sol a sol e poupa até às raias da privação. Sonha fazer fortuna rápida para retornar ao seu país, que nunca esquece de louvar e amar apesar da fome e miséria que lá passou. Com raríssimas exceções, foram trabalhar no campo, já substituindo a mão escrava libertada pela Princesa Isabel. Concentram-se quase unanimemente no sul do país, pela semelhança com o clima europeu, ocupando a vastidão dos espaços vazios do interior, ainda à época despovoado.

Nós sabemos hoje que esse sonho era vão. Ele nunca mais voltou. Qualquer pessoa que se deter a olhar as placas mortuárias de cemitérios antigos verá uma predominância de nomes e sobrenomes italianos, alemães, sírios que aqui ficaram para sempre.

Pouco a pouco, graças à austeridade de suas vidas e o intenso trabalho, foram se transformando de assalariados agrícolas em pequenos proprietários rurais, adquirindo lotes de terras com os recursos amealhados. Compram depois as fazendas, quebrando os latifúndios. Vieram os descendentes e começa a saída do isolamento das colônias do interior em direção às cidades, onde se misturam com os brasileiros tradicionais e outros imigrantes.

É a partir desse ambiente étnico e cultural que vamos analisar a gênese da empresa familiar no Brasil.

Uma fusão do apego patrimonial do homem mediterrâneo e levantino e uma sensação de domínio em decorrência da grandeza das propriedades, somada ainda a uma religião conservadora, diferenciaram a formação de nossas empresas em relação ao americano no norte. Basta dizer que a Bolsa de Valores de Nova York já existia em 1780 e a de *Commodities* de Chicago foi constituída em 1848. Assim, os grandes empreendimentos ferroviários, petrolíferos e da indústria automobilística, que impulsionaram os Estados Unidos no final do século passado e início deste, fizeram-se, em grande parte, pela colocação de ações junto ao público, criando uma mentalidade de atomização do patrimônio.

Max Weber, em sua obra magna *A Ética Protestante e o Espírito do Capitalismo*, expressa à perfeição como diferenças de concepções religiosas e políticas podem afetar a formação econômica de uma nação. *"O ganho de dinheiro é – na medida em que se processa dentro de normas legais –, na ordem econômica moderna, o resultado e a expressão da capacidade profissional, e esta capacidade é, como atualmente se pode constatar sem dificuldade, o alfa e o ômega da moral"*, diz o mestre alemão.

Analisemos o nosso homem empreendedor nos trópicos. Rústico ainda, junta dinheiro e começa a tornar-se empreendedor, montando sua pequena empresa em fundo de quintal, aproveitando-se de seus conhecimentos artesanais, curioso e trabalhador. Nosso objetivo não é traçar aqui passo a passo essa evolução, mas mostrar o homem, cuja sombra se projeta ainda agora.

A empresa nascida dessa luta titânica, quase isolada, de um homem só, com ajuda muitas vezes da esposa dedicada e dos filhos pequenos, gera, fatalmente, um apego quase religioso ao seu patrimônio, confundindo-se com sua própria existência. Essa saga penetra no inconsciente, mistura-se aos seus genes e passa para as gerações futuras. Chegamos a ver, em algumas indústrias, o retrato do fundador, com vastos bigodes, na sala do presidente, embora o atual proprietário às vezes nem parente seja daquele homem. O retrato é, na verdade, uma espécie de superego, falando baixinho no ouvido do presidente: *"Você é dono, isto é seu, cuidado para não passar sua empresa para mãos inábeis ou descuidadas que a arruinarão"*.

Se dermos um salto de 50 anos, de 1900 a 1950, quando outro grande surto industrial impulsionou o Brasil, verificaremos que a mentalidade patrimonialista permanecia ainda muito forte; empresas formadas por descendentes daqueles pioneiros ou por imigrantes posteriores tiveram a mesma trajetória anterior e conservaram impregnadas em seu seio a figura do patriarca. É o exemplo do Grupo

Pão de Açúcar que, de uma pequena doçaria, na avenida Brigadeiro Luiz Antônio, em São Paulo, em que trabalhavam juntos pai, mãe e filhos, transformou-se num dos maiores grupos econômicos do país. Um exemplo recentíssimo é o da rede de calçados Fascar, são 23 lojas em onze *shoppings* em cinco estados, com 160 mil pares vendidos em 2003. Começou com o imigrante português Manuel de Souza em 1952, que abriu uma pequena oficina de sapatos (informações tiradas de reportagem do jornal Gazeta Mercantil).

Esse é o pano de fundo para a análise das questões pertinentes à sucessão e profissionalização de empresas familiares.

Questões delicadas, porque não envolvem apenas problemas financeiros ou de gestão, mas mexem com a alma humana, que nenhum computador de qualquer geração pode detectar as milhares de combinações de sentimentos que fazem do homem um ser complexo e imprevisível.

II. O PODER NA EMPRESA FAMILIAR

A estrutura de poder na empresa familiar, excluídas aquelas realmente profissionalizadas que serão objeto de análise em capítulo posterior, pode ser classificada, conforme seu grau de concentração, em três categorias: a) poder absoluto do controlador, não compartilhado; b) poder bastante concentrado, mas compartilhado em parte com outros membros da família; c) poder semidelegado (profissionalização parcial). Examinaremos esta classificação, tendo em vista considerá-la para efeito de estudar a sucessão no momento em que ela se abre por morte do patriarca, por pressões irresistíveis de familiares de dentro ou de fora da empresa ou por circunstâncias adversas dos negócios.

1. Poder absoluto não compartilhado

As decisões estratégicas estão concentradas nas mãos do controlador. A empresa tem *"a cara do dono"*, com seus vícios e virtudes. Auxiliares (familiares ou não) não têm coragem de enfrentar o carisma do patrão, conseguindo, quando muito, atenuar algumas decisões sabidamente desastrosas.

Autoconfiança exagerada do controlador em relação a suas posições, levando-o a não perceber as mudanças do ambiente dos negócios, ou mesmo tecnológicas, gerando, em conseqüência, perda de competitividade em face de concorrentes novos que entram no mercado e buscam tomar-lhe o lugar.

Conservadorismo – Forte tendência a manter o *status quo*, isto é, evitar a tomada de riscos, frear a expansão, conter tentativas audazes de diversificação. Com a idade o *"homem"* tem medo de correr riscos e apela para sua *"larga experiência"*, quando construiu tudo com trabalho, sem necessidade de grandes alavancagens.

Aberta a sucessão nesse estágio, a continuidade da empresa na família estará seriamente ameaçada porque, na melhor das hipóteses, havendo um sucessor *"potencialmente"* definido e com capacidade, encontrará sérios obstáculos na estrutura necrosada da empresa para fazer rapidamente as mudanças necessárias. Em outra hipótese esse sucessor, em decorrência de sua posição subalterna, sempre à sombra do pai, não terá energia e capacidade suficientes para prosseguir com a empresa. Se houver, então, facções e disputas familiares, só um milagre poderá gerar a unidade para manter o edifício de pé.

Esta é a pior situação para a abertura de uma sucessão.

2. Poder bastante concentrado, mas compartilhado em parte

O fundador introduziu os filhos ou parentes nos negócios, delegando-lhes poder decisório na execução da política da empresa, mas reserva para ele, porém, o poder absoluto para as grandes decisões. A profissionalização é incipiente. Um funcionário antigo tem assento na diretoria mais como um *"conselheiro"* do que como um formulador de política ou gerador de idéias. Diz sempre *"amém"* ao velho companheiro.

Admite mudanças dos mais jovens, debaixo de seu olhar vigilante e pensa na sucessão, mas acha que ainda é cedo. *"Os meninos não estão preparados."*

Nesse estágio, a abertura abrupta da sucessão, embora menos traumática do que na anterior, com certeza será difícil porque não evitará conflitos entre os sucessores, ainda não suficientemente bem definidos.

3. Poder semidelegado

O fundador preside o Conselho de Administração, dividindo com membros da família ou com até alguns auxiliares de confiança as decisões estratégicas da empresa. Há uma diretoria em que participam acionistas da família e profissionais com razoável poder decisório. Aceita riscos com moderação, mas tem bastante peso na decisão final quando se trata de projetos novos, mudanças bruscas de políticas tradicionais da empresa etc. A sucessão está também semi-encaminhada. Todos na empresa sabem ou *"sentem"* que o *"Dr. João vai assumir"*.

Esta é a situação mais favorável antes da profissionalização completa. Nunca se sabe, *"entretanto, se por baixo das cinzas não há uma brasa acesa que um assopro poderá produzir labaredas e depois o incêndio"*.

III. O CONFLITO DE GERAÇÕES

Quando falamos no item anterior sobre a questão do poder na empresa familiar, ficou implícito que a raiz dos conflitos está no choque de gerações. Num dado momento, as contemporizações, o respeito, a paciência começam a afrouxar, e o confronto entre a velha geração e a nova radicaliza-se, tornando inevitável o conflito.

A diferença entre as gerações é um fato, diríamos, *"biológico"*, tal a repetição, através dos tempos, de suas características básicas. Ela ocorre no ambiente familiar, no comportamento das pessoas em face de mudanças sociais, políticas e, principalmente, de modo mais visível, nas artes populares. É difícil encontrar um cidadão com 70 anos que goste de música pop...

Não poderia ser diferente na concepção de objetivos dentro da empresa familiar, tanto mais que envolve riqueza e poder.

1. O que é um conservador? O que é um progressista?

Estas perguntas vêm sendo feitas há milênios, sem que até hoje se conseguisse uma resposta definitiva ou plenamente satisfatória. Ao longo dos tempos vimos conservadores cometerem, diante do perigo, atos audaciosos, que salvaram suas pátrias ou seus negócios, conforme as circunstâncias. Por outro lado, pessoas progressistas, predispostas a destruir o passado e o que chamam de forças retrógradas, de repente vêem-se paralisadas e impotentes diante dos problemas que se avolumaram à sua frente. Foi o presidente Nixon, um ultraconservador, quem iniciou o diálogo Estados Unidos x China, à época um país impenetrável e abominado pelo sistema capitalista do mundo ocidental. Em contrapartida, foi Kennedy, um liberal e progressista, quem iniciou o envolvimento dos Estados Unidos no Vietnã. Contradições da história à parte, na empresa, num determinado instante, esse problema vai aflorar quando se aproxima a sucessão.

A questão que se coloca de início é saber se a velha geração e a mais jovem desejam que a empresa continue na família. Uma vez obtida uma resposta afirmativa, a segunda proposição é saber se existe um projeto coerente, um plano para a sucessão de modo ordenado. Em geral, o primeiro entrave é a vontade de manutenção do poder, a todo custo, do fundador ou patriarca. Essa vontade, como já vimos antes, fundamenta-se em pelo menos duas posições míticas: apego à empresa como se fosse sua própria vida e falta de confiança nos sucessores.

A primeira, afora todos os motivos mencionados no início, tem um componente a ser considerado como de grande peso. *"O que eu vou fazer depois de me afastar completamente da empresa, mantendo um cargo decorativo no conselho? Viajar pelo mundo? Passar o dia todo na companhia, numa enorme sala sem fazer nada? Cumprimentar os velhos companheiros?"*

É bem possível que esse homem de 70 anos sinta um forte aperto no coração quando essas idéias surgem na sua mente. Afinal, foram 40 anos de trabalho duro; não é fácil largar tudo e ir pescar, passear, ou mofar numa sala. Nesse instante pode surgir aquela frase terrível, que faz estremecer as pessoas envolvidas num problema de sucessão:

"Quero morrer trabalhando na minha empresa".

O patriarca pode ser, numa boa hipótese, um desses homens de grande força interior que entende a necessidade de se afastar dos negócios e gozar o *otium cum dignitate* dos antigos romanos, isto é, aproveitar o ócio da velhice com dignidade, passeando, participando da diretoria de um clube, lendo, divertindo-se com os netos sem constrangimentos.

O entrave, porém, é que não confia nos sucessores, sejam eles filhos, sócios minoritários, funcionários etc. Teme que a empresa, que ama e à qual dedicou sua vida, pereça em mãos inábeis. Também aqui aparece uma frase:

"Vamos esperar mais algum tempo".

Acontece que, normalmente, a decisão vai sendo adiada e, em ambos os casos, há um grande risco de a sucessão precipitar-se sem nenhum preparo ou ocorrer de modo confuso e atabalhoado.
O quadro seguinte retrata algumas diferenças mais comuns entre gerações.

Velha geração	Nova geração
Forte resistência a correr riscos.	Não teme os riscos; considera-os importantes dentro dos negócios.
Administração conservadora dos recursos de caixa e dos lucros da empresa.	Grande tendência em usá-los para expandir a empresa.
Concentração de esforços no negócio principal da empresa.	Deseja diversificar os negócios.
Resistência a mudanças na estrutura da administração da empresa.	Deseja a profissionalização da empresa.
Reinvestimento dos lucros na própria empresa.	Deseja distribuir mais dividendos e lucros.
Recusa em partilhar o poder.	Deseja maior participação de poder.

Principais diferenças de gerações na empresa familiar

Esses seis itens não são excludentes nem esgotam totalmente as diferenças, mas com certeza representam 80% do universo dos conflitos latentes.

IV. A ABERTURA DO PROCESSO SUCESSÓRIO

Em dado momento, alguns sinais podem aparecer no painel, indicando que algo errado acontece na máquina. Primeiros confrontos sérios de metas e objetivos entre a velha e a nova geração; sinais de insatisfação e receio do corpo administrativo em face desses conflitos; certa perda de competitividade – clientes podem perceber o conflito e tendem a se proteger buscando uma regra 2 para qualquer eventualidade; algumas rachaduras no bloco monolítico das relações puramente familiares em decorrência dos confrontos na empresa; primeiros sinais de cansaço físico do patriarca e perda de confiança em si, em decorrência da insatisfação de ver suas idéias contestadas e nem tudo correr como era antes.

Bem, se essas luzinhas vermelhas estão aparecendo, é chegada a hora de preparar a sucessão. Mike Cohn, famoso consultor americano para questões de sucessão, fala de três a cinco anos de preparação, a partir do momento da decisão, e justifica: "Quanto maior o tempo de preparo, maiores as alternativas à sua disposição e menores os riscos para os sucessores".

1. A saída do patriarca

O processo não é uma questão apenas de resistência física. Homens com 70 anos podem estar mais aptos física e mentalmente do que outros com 60. Afastada a hipótese de doença, qual seria a idade ideal para o patriarca afastar-se da empresa?

Uma das razões já veio exposta acima, quando tratamos do timing correto para abrir o processo. Enumeraremos duas outras para definir o momento adequado: necessidade de reduzir sua jornada de trabalho; dúvidas acima do normal quanto ao êxito de empreendimentos.

Resumindo: a perda de confiança em si e certo cansaço físico vão sinalizar a hora de passar o bastão. Isto ocorreria entre 65 e 70 anos. Como três anos de preparação é um tempo adequado para encaminhar a sucessão, conclui-se que a idade será em torno de 65 a 68 para iniciar o processo, terminando quando estiver com 70 ou 71 anos.

2. Como preparar a aposentadoria do patriarca após a sucessão

Partimos do pressuposto de que não haja problemas financeiros. O presidente retirou-se, mantém patrimônio pessoal e rendas suficientes para viver sem perder seu padrão de vida até o fim. A questão desloca-se para o lado sentimental tratado ligeiramente quando falamos de manutenção do controle a todo custo. Agora será necessário aprofundar um pouco mais o assunto.

A passagem da atividade para o ócio total deve ser evitada a todo custo. Embora o controle da companhia esteja transferido, o presidente deve manter um cargo do tipo: presidente do conselho consultivo – sendo ouvido mesmo em questões importantes.

Ao tempo da preparação da sucessão deve criar esquemas alternativos de vida que não sejam exclusivamente ligados ao lazer. Exemplos: presidir o conselho de uma fundação, talvez criada por ele com parte dos recursos da empresa; dedicar-se a uma atividade intelectual; participar de uma associação ligada às artes ou à ciência; viajar para o exterior; comparecer a eventos ligados a essas atividades. A criatividade e as características pessoais de cada um possibilitarão outras alternativas além das acima citadas, para evitar uma parada brusca no seu ritmo de atividades.

3. O sucessor

Desenhar o perfil correto do sucessor, preparando-o ao longo do tempo, é tarefa que se impõe como premissa para a sucessão.

Seria bastante simples afirmar que o sucessor deve ser o mais capaz e o mais inteligente. Estaria resolvida a questão. Na verdade, nem sempre essas qualidades serão suficientes, tendo em vista que, nesse terreno, outros fatores entram no jogo sucessório. Esses fatores são sentimentais, políticos e financeiros. O quadro a

POSITIVO	NEGATIVO
Conhecer a fundo o negócio que vai dirigir.	Entrou no negócio há pouco tempo em razão da necessidade de promover-se a sucessão.
Gostar da atividade e do negócio.	Não tem nítida vocação para o negócio.
Capacidade de empreendedor.	É apenas um bom executivo, um tocador de obras.
Sólida formação acadêmica, nível de graduação e pós-graduação ligado quanto possível à atividade da empresa.	Formação acadêmica fora da área.
Capacidade de liderança.	Pouca capacidade para liderar pessoas.
Sólida formação moral e caráter firme.	Gosta de vida social; é um colunável.
Vida familiar estável.	Tendência a sérios desequilíbrios familiares.
Capacidade política para acomodar eventuais problemas sucessórios.	Encontra dificuldades nessa área.

seguir procura mostrar os pontos positivos e negativos para traçar o perfil do sucessor.

Não se trata de criarmos um estereótipo com o quadro proposto, em que uma pessoa teria só os itens positivos ou só os negativos.

Gostaríamos que os leitores vissem o quadro de maneira balanceada, para definir o perfil daquele que apresentar mais pontos positivos, qualquer que seja o escolhido para a sucessão.

Qualidades positivas básicas necessárias: conhecer a fundo o negócio; gostar da atividade; capacidade de empreender – liderança.

Qualidades negativas que não aconselham a escolha de um sucessor: não tem nítida vocação para o negócio; é apenas um bom executivo e não um empreendedor; possui pouca capacidade de liderança.

4. Profissionalização da empresa: como conviver com a estrutura familiar

O que é uma empresa profissionalizada?

Algumas pessoas podem confundir profissionalização com controle acionário, imaginando que a primeira exista apenas nas empresas com capital de tal modo pulverizado que o controle se exerça com baixíssimo percentual, através de procuração, como em algumas grandes multinacionais, sem um controlador visível – quer seja pessoa física ou jurídica. No Brasil esta empresa praticamente não existe. Portanto, temos que pensá-la em termos de empresa familiar, profissionalizada.

Como funciona esse animal híbrido em nossas plagas tropicais, tão afeitas ao coração, à emoção e pouco suscetíveis a transferir poder, porque este se confunde com patrimonialismo?

Você pode ter gigantesco poder e nunca aparecer na companhia, e pode ter a ilusão do poder e ser impotente, passando 14 horas dentro dela.

Vamos explicar:
O poder advém do controle acionário, da detenção da maioria do capital votante, tanto faz de uma só pessoa ou de um grupo. Então, você pode morar na China e mandar na companhia. Entenda-se aqui por mandar o seguinte: os profissionais que dirigem a empresa serão cobrados pelo seu desempenho, e na as-

sembléia geral de acionistas você exercerá o seu poder, mantendo-os ou destituindo-os dentro de uma linha de coerência com os objetivos da empresa.

De outro lado, você tem o empresário (ou grupo) que está no conselho de administração: contrata os melhores profissionais do mercado, compõe uma diretoria executiva para tocar todos os negócios. Ocorre que a diretoria fica no 6º andar e o conselho no 7º andar. E o presidente do conselho desce três ou quatro vezes por dia para espiar o que acontece lá embaixo.

Quando isso ocorre, os executivos tendem a tomar duas posições, a saber:
a) Acomodam-se e passam também a subir duas ou três vezes por dia para o 7º andar.
b) Demitem-se.

No primeiro caso, não adiantou nada a profissionalização, porque você continua a interferir, a mandar também na execução do negócio. Contratou "boys de luxo" a peso de ouro, até o dia em que você explode e diz:

"Esse pessoal não sente a empresa, são teóricos".

Ou coisa pior:

"É um bando de incompetentes".

Aí você os demite ou começa de novo, contrata outros diretores que, provavelmente, terão o mesmo fim, ou desiste da profissionalização para valer e volta tudo à estaca zero. No segundo caso, se a diretoria se demite, você fica chateado (não gosta de ser apanhado de surpresa) e o fim é o mesmo.
Conclusão: você é impotente.
Quais as regras para uma convivência saudável e, quanto possível, harmônica entre a empresa familiar e a profissionalização?
O quadro a seguir torna transparentes as situações de profissionalização real e profissionalização imperfeita conforme nosso critério de avaliação.

PROFISSIONALIZAÇÃO

REAL	IMPERFEITA
O grupo controlador através da *holding* e ou conselho de administração localiza-se fisicamente longe da administração profissional.	O grupo controlador está no mesmo prédio, junto com a diretoria profissional.
O grupo controlador, estabelecidas as políticas e as estratégias da companhia, não interfere na sua execução.	O grupo controlador interfere, de alguma forma, porque não confia na gestão.
O grupo controlador mantém assessoria de alto nível fora de linha, sem qualquer ligação com a empresa, para assessorá-lo na avaliação do andamento dos negócios.	O grupo controlador não possui assessoria para o conselho de administração.
O membro da família, ocupando posição na diretoria executiva, é tratado da mesma forma que os demais diretores, sendo passível de demissão.	O membro da família é tratado com condescendência.
O grupo controlador tem paciência para esperar o resultado da política traçada e não se perturba se demora a aparecer ou se surgirem problemas.	O grupo controlador começa a inquietar-se aos primeiros sinais de dificuldades e ameaça interferir ou cobrar resultados antes da hora.

5. Como administrar a sucessão

Os "*players*" principais:

Presidente	É o controlador, a pessoa física diretamente ou através de *holding*.
Família	Parentes que podem aspirar à sucessão (filhos, esposa, netos, irmão).
Herdeiro presuntivo	Alguém que, por desejo do presidente ou da família ou por sua vontade, aparece como o mais provável sucessor.
Empresa	Corpo de profissionais executivos que, temendo as conseqüências da sucessão, procura zelar pelos seus interesses na empresa e também pode pressionar.

Por fim chegamos ao ponto crucial que é o de administrar o processo.

Como conciliar interesses, paixões, disputas, dissimulações, anseios e frustrações?

Mike Cohn definiu a questão com muita propriedade:

"*O trauma emocional e psicológico que acompanha a transferência de uma empresa familiar pode fazer vacilar até o mais forte empresário.*" "*A implementação satisfatória de uma estratégia de transferência empresarial requer criatividade, flexibilidade e, acima de tudo, comprometimento.*"

João Bosco Lodi, por sua vez, assinala:

"*Quando surge a discórdia entre dois ou três irmãos numa empresa familiar, a consternação toma conta da diretoria e das pessoas mais próximas. Deplora-se o infortúnio que desabou sobre a empresa, esquecendo-se de inúmeros precedentes na história e muitas situações em andamento atual, sem esperanças de uma conciliação.*"

Vamos animar essas quatro figuras partícipes do drama e imaginar quais as combinações de conflitos podem surgir, para tentar harmonizá-las, colocando no centro a figura do patriarca-presidente, porque ele é o grande ator da peça.

	Família	
Empresa	Presidente	Herdeiro presuntivo

O processo de administrar uma sucessão depende, como um todo, da capacidade de conciliar essas partes, acomodar os interesses de cada uma delas, de modo que, ao final, não haja perdedores.
Como será isso possível?
Negociando, negociando, negociando.
Como é feita essa negociação?
A negociação será feita dentro da família com os membros que já estão na empresa e com os de fora.

Um empresário, casado em comunhão de bens, com quatro filhos, dois homens e duas mulheres, todos casados – teremos ao todo nove pessoas envolvidas no processo: a esposa, os filhos, noras e genros. Esses últimos têm um peso considerável, pois, embora não consangüíneos, podem exercer fortíssima pressão sobre seus parceiros, para participar da divisão do bolo. Imaginemos agora que dois já estão na empresa e, um deles, por qualquer razão, é o herdeiro presuntivo.

O presidente percebe o tamanho do drama e se propõe a equacionar em tempo a sucessão, enquanto possui carisma e energia física.
Esse "ambiente" é o mais comum, com pequenas variáveis.

Como se dará então a negociação? Na segunda parte do livro serão mostrados os instrumentos jurídicos, societários e as estratégias adequadas, aspectos formais cujo pré-requisito é o acordo já definido, isto é, quem fica com o quê. Existe toda uma técnica apropriada para conduzir essas negociações. Eis alguns de seus tópicos:
a) Convencimento dos envolvidos de que é necessário negociar – cooperação – "comprometimento de todos".
b) Separar problemas pessoais da questão central: a sucessão.
c) Reuniões familiares, conduzidas de maneira profissional.
d) Máxima concentração nos objetivos principais.
e) Listar os conflitos prováveis para negociá-los.
f) Criatividade e flexibilidade.

Será de fundamental importância que a negociação se desenrole num constante clima de equilíbrio entre todos, evitando-se as rupturas. Geralmente trabalha-se sobre um fio distendido entre dois edifícios a 50 metros de altura. Qualquer descuido do equilibrista será fatal.A presença, então, de um consultor para conduzir o processo é bastante recomendável para se conseguir êxito na dura empreitada.

6. A participação do consultor

A arte de negociar não tem limites, a natureza dotou certas pessoas com tal capacidade para o manejo das situações, que lhes permite encontrar soluções aonde outros jamais conseguiriam alcançá-las.

Nas questões de sucessao de empresa em que o normal é o conflito, com pressões e contrapressões, interesses de toda ordem, a participação do consultor é importante ou mesmo decisiva para o bom êxito da manutenção da empresa dentro da família.

Por que a presença do consultor?

O consultor sabe, no momento em que é chamado, por experiências anteriores e por sensibilidade, que ou já existe um conflito, ou ele, embora latente, está prestes a precipitar-se. Nessas circunstâncias sabe também que vai se defrontar, em geral, com três situações típicas, que são da essência do negócio: existe um lado mais forte do que o outro (ou outros); as partes sabem exatamente o que querem; ambas as partes não sabem claramente o que querem ou apenas uma delas sabe.

Como deve o consultor conduzir as negociações face aos tópicos acima:

a) Não pode tomar partido do lado mais forte, o que seria cômodo mas não resolveria os conflitos. Cabe-lhe justamente encontrar o equilíbrio entre os poderes, para o bem da empresa e a solução satisfatória do conflito.

b) Quando as partes sabem o que querem a negociação será bem mais fácil. Não é, entretanto, o que ocorre como regra.

c) Se nenhuma das partes souber bem o que quer, caberá ao consultor direcionar sua atuação na busca dos objetivos, torná-los claros para auxiliar na solução. Se apenas uma das partes tem uma posição firme e a outra não, o consultor deve atuar de maneira com que essa outra também estabeleça com nitidez seus objetivos.

2ª PARTE

OS INSTRUMENTOS PARA PROMOVER A SUCESSÃO

I. INSTRUMENTOS PARA PRESERVAR A EMPRESA NA FAMÍLIA

Os instrumentais jurídicos e financeiros que serão aqui apresentados dividem-se em duas vertentes básicas, a saber: instrumentos para preservar a empresa dentro da família e acomodar, com consistência, os interesses e conflitos das partes envolvidas no processo e instrumentos externos em que, embora sem deter o controle, a família continuará a participar da sociedade, muitas vezes em situação mais favorável. De qualquer forma, o objetivo é evitar a venda definitiva da empresa.

Comecemos com a primeira hipótese.

1. Acordos de acionistas ou quotistas

O acordo é um contrato firmado entre acionistas ou quotistas de uma mesma companhia, tendo por objeto a regulação do exercício dos direitos referentes às suas ações ou quotas, tanto no que se refere ao voto como à sua negociabilidade, conservando o acionista a titularidade e posse das ações.

Resulta desse conceito que os acordos de acionistas amparam duas situações:

a) Acordo para regular o exercício de voto dos aderentes, objetivando controlar a companhia ou organizar uma maioria capaz de exercê-la.

b) Restringir ou limitar a alienação das ações ou quotas sem perda de sua propriedade e seus frutos por seus titulares.

Somente acionistas ou quotistas podem ser partes do acordo e a forma do contrato é a escrita, devendo ser obrigatoriamente arquivado na sede da sociedade para valer contra terceiros. O prazo de duração deve constar do contrato, pois sua omissão torna-o indeterminado e acarretará a possibilidade de ser resilido unilateralmente, pelo princípio de que ninguém contrata para sempre ou que não se admitem convenções permanentes.

O que pode ser contratado nos acordos de acionistas? Como foi mostrado inicialmente, eles procuram regular basicamente o exercício do direito de voto, vinculando os parceiros de modo a acomodar os seus interesses, com a certeza de que não serão violados. Existem dispositivos legais que impedem que o acordante desvie ou altere o seu voto pelo próprio presidente da assembléia.

Os acordos podem também regular, entre outros aspectos societários:
a) Política de distribuição de lucros, referente à época, a forma, o montante e restrições ao pagamento, nesse caso quando sua distribuição ocasionar problemas financeiros para a empresa.

b) Eleição dos membros do conselho de administração, se houver, e da diretoria da sociedade, estabelecendo-se a participação de cada bloco na sua composição. Na sociedade limitada, em que não haja estrutura orgânica, o acordo regulará a indicação do administrador.

c) Fusão, cisão, incorporação, dissolução, liquidação, falência ou concordata e a cessação do estado de liquidação.

d) Tomada de empréstimos ou financiamento acima de determinado valor em nome da sociedade e a concessão ou outorga de garantias de qualquer natureza, mediante oneração de seus bens.

A eficácia dos acordos como vimos está assegurada, pois o acionista que não votar conforme os seus termos terá o seu voto como não proferido pela mesa da assembléia.

Como se pode verificar, os acordos de acionistas constituem-se em poderosos instrumentos na formação e acomodação de blocos no interior do poder das sociedades por ação. (Vide em anexo modelo básico de Contrato de Acordo de Acionistas.)

2. A constituição de *holdings*

As sociedades *holdings* podem ser classificadas, para efeito de simplificação didática, conforme o quadro a seguir.

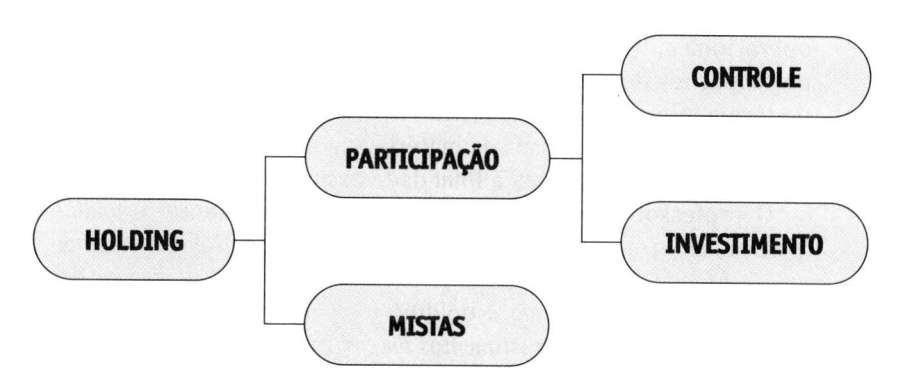

```
                                    ┌─ CONTROLE
                    ┌─ PARTICIPAÇÃO ─┤
HOLDING ────────────┤                └─ INVESTIMENTO
                    │
                    └─ MISTAS
```

Holding de Participação
A *Holding* de Participação é aquela cujo ativo se compõe exclusivamente de ações e quotas de outras empresas, sem qualquer atividade operacional e mesmo administrativo-financeira, a não ser, nesse último caso, a mínima necessária para geri-la. Subdivide-se:

a) *Holdings* de Investimento – cujo objetivo único é investir seus recursos em participações em outras empresas, de maneira não permanente, para auferir resultados. Poder-se-ia dizer que são verdadeiros bancos de negócios e assemelham-se ao *investiment trust*, do sistema anglo-saxão, modalidade de investimento cujos recursos são destinados a compra de ações e quotas, mas sem nenhum objetivo de controle.

b) *Holdings* de Controle – essas são as *holdings* verdadeiramente constituídas, visando tão-somente controlar outras empresas para efeito de acomodar interesses de acionistas dentro do grupo. Os valores constantes de seu ativo caracterizam-se como imobilizado e não realizável.
Sobre elas recai o foco de nosso estudo e falaremos mais à frente.

Holdings Mistas
As *Holdings* Mistas são aquelas em que se misturam atividades

operacionais, ligadas ou não aos negócios principais do grupo, e participações de modo a controlar outras sociedades não ligadas, de forma minoritária ou majoritária.

Divergem os estudiosos da matéria quanto à utilização do sistema de *holdings* puras, com a finalidade exclusiva de controle.

O professor João Bosco Lodi considera importante a *holding* "*para administrar os investimentos do acionista controlador, criando uma atividade de controle para se informar sobre o desempenho das empresas afiliadas, cabendo à* holding *o planejamento estratégico, financeiro e jurídico dos investimentos do controlador*". (*Lobby* e *Holding* – Livraria Pioneira, pág. 88.)

O ilustre e saudoso professor, entretanto, aconselha que a *holding* exerça alguma atividade operacional ligada à prestação de serviços da organização como pessoal, administração, intermediação em finanças, etc.

Vê-se, pois, que não é partidário da *holding* pura.

De outro lado, aparecem alguns aspectos negativos quando se compara a formação de *holding* de controle em relação ao acordo de acionistas.

O primeiro ponto desvantajoso está em que o acionista perde a titularidade de suas ações na futura controlada, uma vez que vai transferi-la para a *holding* a fim de constituir sua participação no capital.

Outra questão negativa relevante é apontada pelo mestre professor Modesto Carvalhosa, quando analisa a possibilidade de "*superposição do acordo à própria constituição da* holding, *acarretando evidente lesão aos minoritários que dele não participassem. Isto porque à perda voluntária da propriedade de suas ações na companhia, para conferi-las à* holding, *somar-se-ia a perda involuntária do poder de compor a maioria deliberativa no seu interior*". (Acordo de Acionistas – Ed. Saraiva, pág. 219.)

Essa hipótese configuraria verdadeiro alijamento do acionista do poder decisório da sociedade, o que, em nosso entender, poderia levar à anulação da avença.

Para concluir, diríamos que a constituição de *holdings* puras para efeito de resolver conflitos sucessórios precisa ser analisada com bastante cuidado e à luz de cada caso específico.

Estrutura do capital votante de uma *holding* familiar

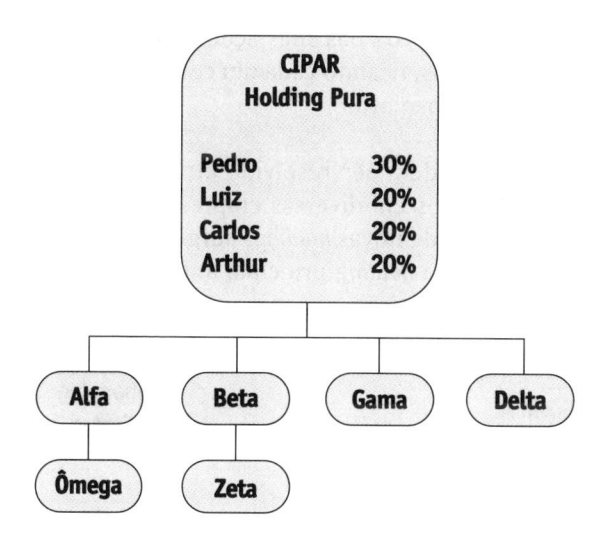

```
        ┌─────────────────┐
        │     CIPAR       │
        │  Holding Pura   │
        │ Pedro     30%   │
        │ Luiz      20%   │
        │ Carlos    20%   │
        │ Arthur    20%   │
        └─────────────────┘
          │    │    │    │
        (Alfa)(Beta)(Gama)(Delta)
          │    │
       (Ômega)(Zeta)
```

As empresas Alfa, Beta, Gama e Delta, todas elas operacionais, eram controladas, inicialmente na pessoa física, em percentuais diversos pelos quatro sócios que conferiram suas ações dessas empresas para formar o capital da *holding*.

As duas empresas Ômega e Zeta são controladas direta e integralmente, respectivamente, pela empresa Alfa e Beta, portanto indiretamente pela CIPAR.

3. Cisão

Estabelece o *caput* do art. 229 da Lei das S.A.:

"*A cisão é a operação pela qual a companhia transfere parcelas do seu patrimônio para uma ou mais sociedades, constituídas para esse fim ou já existentes, extinguindo-se a companhia cindida, se houver versão de todo o seu patrimônio, ou dividindo-se o seu capital, se parcial a versão*".

Imaginemos uma empresa familiar de grande porte, cujo grupo compreenda um *shopping center*, inúmeros imóveis não operacionais, supermercados, fábricas e fazendas, controlados por uma *holding*, cuja maioria das ações ou quotas pertença a um patriarca, e seus três filhos detenham cada um 10% dessa *holding*. Com sua morte os 70% das suas ações na *holding* iriam ser partilhados com os filhos, ficando cada um com 25%, portanto sem nenhum controlador absoluto.

Essa situação poderá ser resolvida através de uma cisão, alocando-se os herdeiros em diversas empresas, conforme a vocação de cada um, através de novas *holdings* surgidas do desmembramento e desaparecendo a *holding* principal anterior.

Como ficou após a cisão:

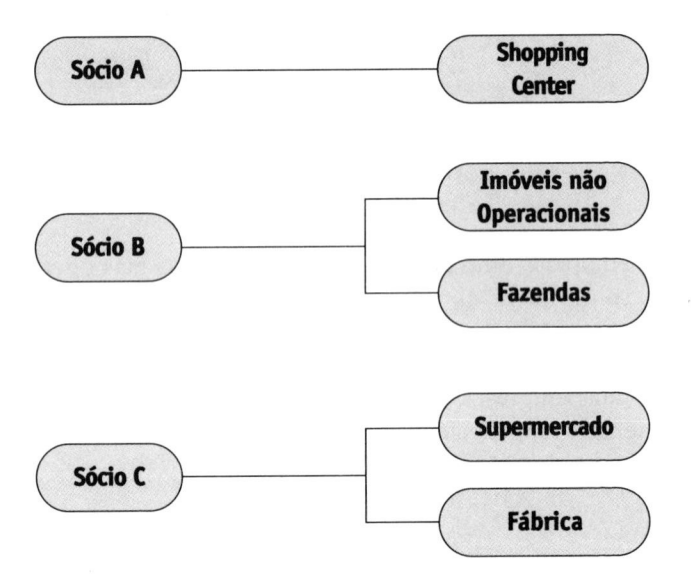

Sócio A — Shopping Center

Sócio B — Imóveis não Operacionais / Fazendas

Sócio C — Supermercado / Fábrica

Assim cada herdeiro constitui uma *holding* para controlar as empresas resultantes da cisão do conglomerado que lhes couberem, segundo sua maior afinidade com o negócio.

Testamento, doações e usufruto

Dentro do âmbito do direito civil alguns institutos poderão ser utilizados para organizar ou complementar a sucessão na empresa.

Vamos aqui dar-lhes os conceitos básicos para que as pessoas envolvidas no processo possam avaliá-los e, dentro das características de cada negócio, aplicá-los na solução dos problemas.

4. Testamento

O patriarca, dispondo do controle absoluto da *holding* que controla o grupo, poderá usar esse instrumento para, em vida, já deixar pronta a sua sucessão, enquanto ainda se mantém à frente da empresa. O testamento e suas diversas formas estão regulados no novo Código Civil, nos artigos 1.857 a 1.911. As características básicas são as seguintes: é ato personalíssimo, podendo ser mudado a qualquer tempo, o que permite ao patriarca fazer rearranjos em vida. Pode ser público, quando feito em tabelião, ou particular, escrito pelo testador de próprio punho ou processo mecânico, assinado por ele, na presença de três testemunhas que o devem subscrever. Quanto à capacidade, diz o art. 1.857:

"Toda pessoa capaz pode dispor, por testamento, da totalidade dos seus bens, ou de parte deles, para depois de sua morte.

§ 1º - A legítima dos herdeiros necessários não poderá ser incluída no testamento".

Herdeiros necessários são, pelo atual Código Civil, os filhos e a esposa, afora a meação de que esta já dispõe no casamento celebrado por comunhão universal de bens ou pelos aqüestos. O artigo 1.789, no capítulo do Direito das Sucessões, estabelece que "havendo herdeiros necessários, o testador só poderá dispor da metade da herança".

Assim, na hipótese do instrumento ser o testamento, será necessário, se for o caso, observar-se o artigo acima mencionado.

5. Doações

O art. 538 do Código Civil conceitua a doação como "um contrato em que uma pessoa, por liberalidade, transfere do seu patrimônio bens ou vantagens para o de outra; pode ser feita por escritura pública ou instrumento particular. Diferente do testamento, não pode ser revogada, salvo por ingratidão do donatário se este atentar contra a vida do doador, cometer contra ele ofensa física, injúria ou calúnia.

Por tratar-se de ato de liberalidade que atinge o seu patrimônio, quando "feito a descendentes ou de um cônjuge a outro, importa adiantamento do que lhes cabe na herança" (art. 544 do Código Civil). Dessa forma, ao ser utilizada como instrumento de sucessão de empresa e, na hipótese de o doador não contemplar algum herdeiro neste ato, deverá possuir outros bens para salvaguardar os direitos daqueles que não foram incluídos na operação.

6. Usufruto

A doação pode ser combinada com a instituição de usufruto dos bens doados ou de parte deles, reservados para o doador e sua esposa, transformando-se os herdeiros em nu-proprietários, enquanto o doador viver, extinguindo-se o gravame após a sua morte.

II. OS INSTRUMENTOS EXTERNOS

Há situações no momento da sucessão em que a solução interna, dentro da família, tornou-se muito difícil, ou porque o patriarca não possui herdeiros, ou, se os possui, não têm eles vocação nem vontade para comandar o negócio. Nessas circunstâncias, a continuidade da empresa na família corre sério perigo, gerando no controlador, muitas vezes, a idéia de vendê-la a terceiros.

A venda, para quem se propõe a defender a filosofia da manutenção da empresa familiar, é a solução extrema, pois, além de acarretar a destruição de um sonho, pode ocorrer num momento em que, iniciada sua decadência, obrigue o controlador a aliená-la por um preço aquém de suas expectativas e de seu valor real.

Existem algumas soluções intermediárias que permitirão aos membros da família, embora alienado parte ou mesmo o próprio controle, manter a empresa viva e continuar dela participando como acionistas e até de sua administração, ainda que com o poder dividido ou minoritário.

Em qualquer das três formas que iremos aqui apontar é claro que a "cabeça" do empresário deve estar preparada para grandes mudanças; deve estar pronta para aceitar normas legais mais severas, vigilância constante do mercado e perda de boa parte ou quiçá da grande maioria de seu poder de comando.

Manterá, porém, a companhia e, quem sabe, seu legado de ter construído para sempre uma grande empresa, em que seus descendentes, ainda que minoritários, gozarão da riqueza, que, segundo os calvinistas, é um bem de Deus quando originada do trabalho.

1. A abertura do capital

A abertura do capital, via emissão de ações, para que funcione em termos de mercado de capitais, tem que ser uma ruptura com o passado. Não somente pela obrigação de prestar informações que a empresa assume perante a CVM e a Bolsa de Valores, mas principalmente diante dos novos acionistas. Nesse sentido, é preciso mais do que lucros, é necessário conversar com o acionista minoritário, criar um elo empresa/mercado, para que ela possa a ele recorrer, buscando recursos para expansão e novos investimentos.

E, do ponto de vista de nosso tema, é preciso criar liquidez para os papéis em pregão, pois aí esta a saída, se necessária, dos blocos e grupos internos que estão na sociedade. Vamos, de maneira sucinta, apontar alguns itens desse processo, para informar, ainda que sem profundidade, o empresário que quiser optar por esse caminho.

É considerada companhia de capital aberto aquela cujos valores mobiliários são admitidos pela Comissão de Valores Mobiliários à negociação no mercado de capitais. Em se tratando de ações, deverão também ser registradas em Bolsa de Valores ou na Sociedade Operadora do Mercado de Ativos (SOMA). Além do registro da empresa, deverá ser registrada também a emissão dos valores mobiliários a serem ofertados ao público. Essa última exigência ocorrerá toda vez que a empresa, mesmo já sendo aberta, efetuar emissão pública.

Para obter o registro a companhia deverá apresentar uma série de documentos societários e contábeis, e adequar seus estatutos à condição de companhia aberta, submetendo-os à apreciação da Comissão de Valores Mobiliários.

Uma vez obtido o registro, a companhia passa a ter várias obrigações legais. As principais são as seguintes:
• Manter registro atualizado na CVM.
• Manter serviços de atendimento a acionistas.

- Ter um diretor de relações com os investidores.
- Informar fatos relevantes.
- Elaborar relatórios trimestrais e anuais e enviá-los à Bolsa e à CVM.
- Manter auditor independente registrado na CVM.

Estrutura orgânica da companhia aberta

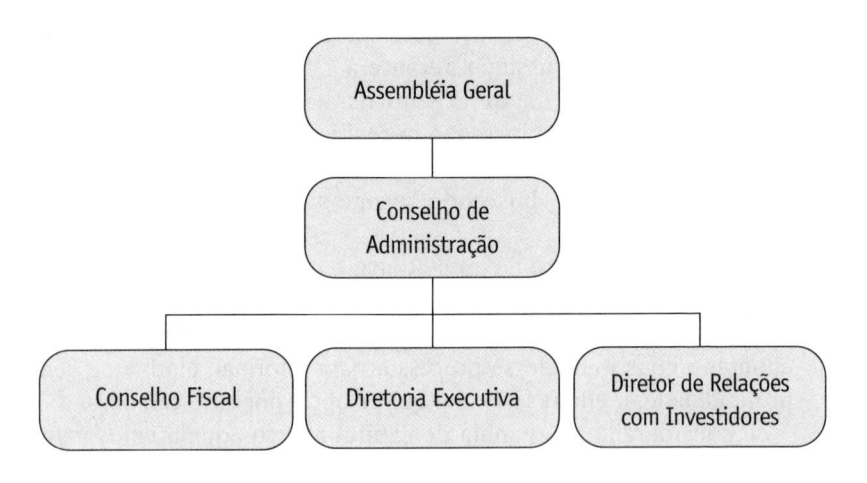

```
                    ┌──────────────────┐
                    │ Assembléia Geral │
                    └────────┬─────────┘
                             │
                    ┌────────┴─────────┐
                    │   Conselho de    │
                    │   Administração  │
                    └────────┬─────────┘
         ┌───────────────────┼───────────────────┐
┌────────┴────────┐ ┌────────┴────────┐ ┌────────┴────────┐
│ Conselho Fiscal │ │Diretoria Executiva│ │Diretor de Relações│
│                 │ │                 │ │ com Investidores │
└─────────────────┘ └─────────────────┘ └──────────────────┘
```

Ao transformar-se em companhia aberta, a empresa, se já não estiver adaptada, como vimos, deverá sofrer modificações significativas, dentre elas a obrigatoriedade de ter um conselho de administração e um diretor de relações com o mercado.

O conselho de administração é um órgão colegiado composto por, no mínimo, três membros, eleitos pela assembléia geral e sua competência, nos termos do art. 142 da Lei das S.A., é basicamente: traçar a orientação geral dos negócios, eleger e destituir os diretores, fixar-lhes as atribuições e fiscalizar a sua gestão.

A função do diretor de relações com investidores é prestar informações ao público externo (acionistas minoritários) por meio da publicação de fatos relevantes, quando a matéria, por sua importância, exigir divulgação pela imprensa.

2. Fundações

A fundação é uma entidade constituída de um patrimônio, gerido por um conselho curador e uma diretoria; o primeiro é órgão normativo e fiscalizador e o segundo executivo. As fundações estão submetidas à fiscalização do Ministério Público, através de seus curadores. A criação das fundações é regulada no art. 62 do Código Civil, que reza:

"Para criar uma fundação, o seu instituidor fará, por escritura pública ou testamento, dotação especial de bens livres, especificando o fim a que se destina, e declarando, se quiser, a maneira de administrá-la".

O seu estatuto deverá ser aprovado pela curadoria e conter basicamente:
a) Nome, sede, duração
b) Objeto ou finalidade: "A fundação somente poderá constituir-se para fins religiosos, morais, culturais ou de assistência". (§ único do art. 62 do Código Civil.)
c) Sócios podendo ser de várias categorias, a saber: contribuintes; beneméritos; honorários; remidos e mantenedores.
d) Direito de voto – especificar a categoria ou categorias de sócios que deterão esse direito.
e) Diretoria e conselho fiscal – (forma de eleição – duração do mandato, cargos, atribuições).
f) Assembléia geral (tipos, forma de convocação, quorum de instalação e deliberação, etc).
g) Exercício social.

A Fundação poderá ser extinta:
• Por decisão da maioria de seus associados;
• Por determinação legal.

Na hipótese de extinção, seus bens terão que ser doados a outra fundação que possua, em geral, a mesma finalidade.
Na instituição de uma fundação para resolver o problema de sucessão, o seu patrimônio deve ser constituído pelo aporte das ações do controlador, de modo que, a partir desse momento, o

controle passará à fundação. As ações da companhia que restarem, em poder do controlador, ordinárias e preferenciais, poderão desde logo ser doadas aos herdeiros ou aguardar a sua morte, uma vez que a sucessão estará equacionada. Se houver conflito posteriormente, não será mais pela disputa do controle e assim a empresa nada sofrerá. Será um litígio particular entre acionistas da companhia.

A combinação de uma abertura de capital com o controle transferido para uma fundação seria excelente solução para um conflito de sucessão, no esquema fora da empresa, pois, além de estabilizar o controle, permitiria também uma saída para as ações que restaram na família, que poderiam ser vendidas no mercado ao longo do tempo.

3. Management buy-out

No espectro de alternativas viáveis das estratégias para a sucessão fora da empresa, convém mencionar o que denominaríamos de solução heterodoxa, através de uma operação conhecida como *Management buy-out*, cuja tradução seria Administração de fora, que consiste em transferir a empresa aos executivos para gerirem com total autonomia.

O processo puro deverá prever a aquisição das ações da sociedade pelos administradores, de modo a, gradualmente, passar-lhes o controle, tornando-se os antigos controladores minoritários ao longo do tempo, mas com a empresa viva e gerando resultados, o que, dificilmente, ocorreria na hipótese de uma sucessão improvisada e malfeita, sem herdeiros interessados ou capazes de continuar o negócio.

Neste tipo de operação é preciso utilizar uma engenharia financeira que permita aos executivos adquirirem as ações sem dispor de recursos próprios. Uma das formas é atribuir-lhes parcela dos lucros auferidos pela empresa, com o que iriam exercer opções de compra das ações pagando-as com esses lucros. O processo as vezes poderá ser lento.

Outra forma seria combinar a operação com *Leverage buy-out*, que é aquisição das ações alavancando empréstimos bancários com garantias dos próprios títulos e mesmo de ativos da empresa.

É um negócio de razoável risco se a empresa não conseguir gerar lucros suficientes para distribuir aos executivos a fim de que paguem os empréstimos. É necessário ainda que o *funding* seja de longo prazo, dado que a maturação do projeto poderá ser demorada, o que nem sempre é possível obter-se aqui no Brasil.

4. Fundos de pensão

Uma nova figura no cenário dos negócios para equacionar sucessões são os fundos de pensão. Detentores de vultosos recursos estáveis para aplicar em investimentos de longo prazo, essas instituições poderão representar notável papel na solução de problemas sucessórios. Ao adquirir o controle, mediante a compra das ações da família, os fundos poderão utilizar a estrutura já existente dos executivos das empresas, profissionalizando-as para valer.

Nessa combinação de recursos de fundos de pensão e *management*, temos um modelo assemelhado ao de *Management buy-out*, apesar de que os executivos, nessa hipótese, não ficarão com a empresa. Todavia nada impediria que, sendo a empresa de capital fechado e promovendo-se sua abertura, os executivos pudessem ter prioridade na aquisição das novas ações, comprando-as com recursos alavancados, o que redundaria num *mix* dos três processos aqui elencados.

Enfim, com o crescimento inevitável da indústria de fundos de pensão, detentora de ativos cada vez maiores, alarga-se o leque de opções para encaminhar a sucessão de empresas fora do âmbito familiar, formando-se quase uma parceria empresário/executivos/trabalhadores.

5. *Private Equaty*

Operação pela qual uma empresa vende parte substancial de suas ações ou promove aumento de capital para ser subscrito por um investidor privado. Em geral a participação varia entre 20 e 40% do capital votante, de modo que não há intenção de controle, pois a participação do investidor no negócio é transitória (3 a 6 anos). Os recursos carreados para a empresa deverão permitir nesse lapso de tempo que ela esteja em condições de propiciar a saída do investidor do negócio, via abertura de capital (se ela for fechada) ou a venda para outro investidor.

É condição básica para a realização da operação a participação ativa do investidor na administração da sociedade.

A maioria dos parceiros é constituída de investidores institucionais, em especial fundos de pensão.

MODELOS BÁSICOS:

- CONTRATO DE ACORDO DE ACIONISTAS
- ESTATUTO SOCIAL DE FUNDAÇÃO
- CONTRATO SOCIAL DE *HOLDING*

ACORDO DE ACIONISTAS

Entre partes: João (qualificar); Antônio (qualificar); Luiza (qualificar) e Luxor Comércio e Indústria Ltda. (qualificar), neste ato, representada, nos termos do contrato social por seu sócio-administrador (qualificar), doravante denominados simplesmente ACORDANTES, detentores de 90% (noventa por cento) das ações ordinárias do Capital Social de emissão de Delta (qualificar) (EMPRESA), cujo capital social é de R$_____, totalmente integralizado em ações ordinárias, têm entre si acertado o presente **ACORDO DE ACIONISTAS** (ACORDO) que se regerá pelas seguintes cláusulas e condições:

1. Neste ato as ações dos ACORDANTES, livres e desembaraçadas de quaisquer ônus ou gravames, estão assim distribuídas:

Ações	% sobre capital
João	30%
Antônio	10%
Luiza	10%
Luxor	40%
Totais	90%

2. Os ACORDANTES sujeitam ao presente ACORDO todas as ações mencionadas na cláusula anterior, bom como futuras ações provenientes de bonificação ou subscrição, sem qualquer limitação.

3. Os ACORDANTES acordam em não estabelecer qualquer gravame sobre as referidas ações.

4. Os ACORDANTES terão direito de preferência proporcionalmente à sua participação no presente ACORDO, na aquisição das ações, caso qualquer um deles manifeste intenção de aliená-las, bem como no exercício o direito de subscrição caso não deseje efetivá-lo.

§ 1º - O Ofertante deverá manifestar, por escrito, sua intenção aos demais ACORDANTES, estabelecendo prazo, não inferior a 30 (trinta) dias, preço e condições de pagamento.

§ 2º - Caso nenhum dos ACORDANTES demonstre interesse em adquirir as ações, a alienação a terceiros somente poderá efetivar-se mediante prévia adesão dos mesmos ao presente ACORDO.

§ 3º - Os herdeiros e sucessores continuarão vinculados ao presente ACORDO.

5. ELEIÇÃO DO CONSELHO DE ADMINISTRAÇÃO

Os ACORDANTES obrigam-se a votar na eleição dos membros do Conselho de Administração e Suplentes da EMPRESA, conforme deliberação majoritária entre si.

§ 1º - Os membros do Conselho de Administração e eventualmente seus suplentes escolhidos na conformidade deste ACORDO obrigam-se a votar, nas deliberações das Assembléias Gerais, na conformidade da decisão majoritária tomada entre si, referentemente às seguintes matérias:

_____
_____

etc.

6. EXECUÇÃO ESPECÍFICA

A fim de assegurar a execução das obrigações aqui estipuladas, e de conformidade com as disposições do artigo 118 da Lei nº 6.404, de 15 de dezembro de 1976, este Acordo de Acionista será arquivado na sede da companhia.

§ único – Cada um dos acionistas terá o direito de requerer judicialmente a execução específica deste instrumento, ou de qualquer parte dele constante, conforme as disposições aplicáveis do Código de Processo Civil, inclusive, sem limitação, os Artigos 461, 632, 639 e seguintes.

7. O presente ACORDO entrará em vigor na data de sua assinatura e vigorará pelo prazo de duração da EMPRESA.

8. DO FORO

Fica eleito o Foro Central da Capital do Estado de São Paulo para dirimir qualquer disputa decorrente do presente ACORDO, excluindo-se qualquer outro por mais privilegiado que seja.

E, por estarem justos e contratados, firmam o presente em 4 (quatro) vias, na presença de 2 (duas) testemunhas.

São Paulo,_____

_____

TESTEMUNHAS: _____   _____

_____   _____   _____

ESTATUTO SOCIAL DE FUNDAÇÃO

Art. 1º - DA SEDE E DENOMINAÇÃO
Sob a denominação de _____ fica constituída a Fundação _____ que se regerá por esses estatutos e pelos artigos 62 a 69 do Código Civil e legislação própria.

A sede da Fundação será à Rua _____, na cidade de _____.

Art. 2º - DO PRAZO
O prazo de duração da Fundação é indeterminado.

Art. 3º - DO OBJETO
A Fundação tem por objeto.......... (somente poderá constituir-se para fins religiosos, morais, culturais ou de assistência - § único do art. 62 do C.C.)
Descrever com minúcias o objeto segundo um dos fins acima referidos.

Art. 4º - DO PATRIMÔNIO
O patrimônio da sociedade será constituído pelas ações da COMPANHIA.............. compreendendo 60% (sessenta por cento) de seu capital votante, doadas pelo instituidor. As ações serão incorporadas ao patrimônio pelo valor de R$..........
§ único - O patrimônio da sociedade constituir-se-á ainda de subvenções, contribuições de sócios (outras).

Art. 5º - DOS SÓCIOS
A Fundação poderá instituir várias categorias de sócios, a saber: contribuinte, beneméritos, honorários (descrever cada uma delas).

Art. 6º - DA ASSEMBLÉIA GERAL
As assembléias gerais serão ordinárias e extraordinárias. As primeiras realizar-se-ão obrigatoriamente uma vez por ano, até 180 (cento e

oitenta) dias após o encerramento do exercício social, para a tomada de contas da diretoria, eleição da diretoria quando for o caso, eleger o Conselho Fiscal. A assembléia geral extraordinária será convocada a qualquer momento para tratar de assuntos de interesse social.

Art. 7º - DA DIRETORIA
A Fundação será dirigida por uma diretoria, composta de 5 (cinco) membros, sendo um presidente, um diretor-societário, um diretor-financeiro, um diretor de patrimônio, um diretor-social, eleita pela maioria absoluta dos sócios votantes, com mandato não superior a três anos, permitida uma única vez a reeleição.
§ único - Os diretores terão as seguintes atribuições (relacionar).

Art. 8º -DO CONSELHO FISCAL
A Sociedade terá um Conselho Fiscal permanente, composto, no mínimo, por 3 (três) membros e respectivos suplentes, associados ou não, eleitos anualmente pela assembléia geral ordinária, podendo ser reeleitos.
§ único – Os membros do Conselho Fiscal não serão remunerados.

Art. 9º - DO EXERCÍCIO SOCIAL
O exercício social terá a duração de um ano, encerrando-se em 31 de dezembro de cada ano.

§ único - Com base na contabilidade da sociedade será elaborado o balanço patrimonial e a demonstração de resultados, que obrigatoriamente não poderão ser distribuídos, devendo, se positivo, ser aplicado nos seus fins sociais.

Art. 10º - DA LIQUIDAÇÃO
A Fundação poderá ser extinta nas seguintes hipóteses:
a) Por vontade de maioria de _ dos associados, em assembléia geral;
b) Por determinação legal;
c) Por ter-se tornado impossível ou inútil sua finalidade.
§ único - Uma vez extinta, o seu acervo será doado a outra Fundação.

Art. 11º - DO FORO

Fica eleito o Foro de.................. para dirimir os conflitos porventura existentes.

CONTRATO SOCIAL DE UMA *HOLDING* DO TIPO LIMITADA

INSTRUMENTO PARTICULAR DE CONSTITUIÇÃO DE PARTENON PARTICIPAÇÕES LTDA.

Pelo presente Instrumento Particular, os abaixo-assinados: (relacionar e qualificar os sócios), têm entre si ajustada a constituição de uma sociedade limitada empresarial que se regerá pelas disposições dos artigos 1.052 a 1.087 do Código Civil Brasileiro.

CONTRATO SOCIAL DE PARTENON PARTICIPAÇÕES LTDA

CLÁUSULA PRIMEIRA
DA DENOMINAÇÃO E SEDE

A Sociedade girará sob a denominação de PARTENON PARTICIPAÇÕES LTDA., tem sua sede, foro e administração na Capital do Estado de São Paulo, na Rua._____, CEP_____, Brasil.

CLÁUSULA SEGUNDA
DO OBJETO

A sociedade terá por objeto social a participação em outras sociedades como sócia ou quotista, a administração de bens, de interesses e de investimentos próprios, e a prestação de serviços auxiliares a empresas e todas as demais atividades que tenham afinidade com as acima mencionadas.

CLÁUSULA TERCEIRA
DO CAPITAL SOCIAL

O capital social totalmente subscrito e integralizado, neste ato, em moeda corrente nacional é de R$_____, dividido em_____ quotas, no valor nominal de R$_____ cada uma, assim distribuídas entre os sócios quotistas:

_____
_____
_____

§ 1º - A responsabilidade dos sócios é limitada ao montante do capital social.

§ 2º - A sociedade reger-se-á supletivamente pela Lei das Sociedades Anônimas.

CLÁUSULA QUARTA
DA DURAÇÃO

O prazo de duração da sociedade é indeterminado.

CLÁUSULA QUINTA
DA ADMINISTRAÇÃO

A sociedade será administrada por um Conselho de Administração e pela Diretoria Executiva.

CLÁUSULA SEXTA
DO CONSELHO DE ADMINISTRAÇÃO

A sociedade terá um Conselho de Administração composto de 3 (três) membros que serão eleitos por prazo não superior a 5 (cinco) anos, pela Assembléia Geral de Quotistas, sendo 1 (um) Conselheiro Presidente, 1 (um) Conselheiro Vice-presidente, a quem caberá a substituição automática do Presidente em suas faltas e impedimentos, e 1 (um) Conselheiro Técnico, todos obrigatoriamente sócios quotistas da sociedade.

§ ÚNICO - Compete ao Conselho de Administração deliberar sobe: (I) a orientação geral dos negócios e estratégias da sociedade; (II) a eleição e a destituição dos membros da DIRETORIA; (III) a convocação da Assembléia de Quotistas quando for de interesse da sociedade; (IV) a liquidação extrajudicial voluntária ou o requerimento ao juiz da declaração da falência; (V) a promessa, a compra, a venda de bens imóveis; a constituição de quaisquer ônus sobre bens móveis ou imóveis, tangíveis ou intangíveis da sociedade; (VI) a participação em outras sociedades como quotista ou acionista ou qualquer forma de restruturação societária, tais como aquisição, fusão, cisão e venda de participação, entre outras.

CLÁUSULA SÉTIMA
DA DIRETORIA EXECUTIVA

A sociedade terá uma DIRETORIA, que será composta por no mínimo 2 (dois) e no máximo 5 (cinco) Diretores, quotistas ou não, sendo 1 (um) Diretor-presidente, 1(um) Diretor Vice-presidente e até 3(três) Diretores sem designação específica, os quais serão eleitos, por prazo indeterminado, pelo CONSELHO DE ADMINISTRAÇÃO e poderão, por este, ser substituídos ou destituídos, a qualquer momento.

CLÁUSULA OITAVA
DA ASSEMBLÉIA DE QUOTISTA

A Assembléia de Quotistas será convocada, pelo CONSELHO DE ADMINISTRAÇÃO, sempre que houver interesse da sociedade. A convocação deverá ser feita mediante carta registrada com aviso de recebimento, com antecedência mínima de 8 (oito) dias da data da Assembléia de Quotistas. Ficará dispensada da convocação acima prevista a Assembléia de Quotistas em que estiverem presentes os quotistas que representem a totalidade do capital social.

CLÁUSULA NONA
DA CESSÃO E TRANSFERÊNCIA DE QUOTAS

O sócio que desejar ceder, total ou parcialmente, as suas quotas deverá comunicar tal intenção à sociedade e aos demais sócios por carta registrada, com antecedência mínima de 30 (trinta) dias, indicando preço e condições de pagamento para a cessão das quotas, ocasião em que deverá oferecê-las, na ordem de preferência, à sociedade e aos sócios remanescentes, os quais, no prazo de 30 (trinta) dias e na proporção das quotas possuídas, poderão exercer o direito de preferência na aquisição, em igualdade de condições.

CLÁUSULA DÉCIMA
DA LIQUIDAÇÃO OU DISSOLUÇÃO DA SOCIEDADE

Em caso de liquidação ou dissolução da sociedade, será liquidante da mesma o DIRETOR-PRESIDENTE, ou quem o CONSELHO DE ADMINISTRAÇÃO indicar. Nessa hipótese, os haveres da sociedade serão empregados na liquidação das obrigações e o remanescente, se houver, rateado entre os quotistas em proporção ao número de quotas que cada um possuir.

CLÁUSULA DÉCIMA PRIMEIRA
DO FALECIMENTO OU INTERDIÇÃO

O falecimento ou interdição de qualquer dos sócios não operará a extinção da sociedade. Os sócios remanescentes ou a sociedade adquirirão as quotas do sócio pré-morto ou interditado, ou admitirão os herdeiros e sucessores deste, se assim pretenderem, por maioria, os sócios remanescentes, devendo neste caso a sociedade ser avisada, no prazo máximo de 30 (trinta) dias, a contar do falecimento ou interdição do sócio.

CLÁUSULA DÉCIMA SEGUNDA
DO EXERCÍCIO SOCIAL

O exercício social terá início no dia 1º de janeiro e encerrar-se-á em 31 de dezembro de cada ano, ocasião em que se procederá ao levantamento do balanço patrimonial e demonstrações de resultados prescritas em lei.

CLÁUSULA DÉCIMA
TERCEIRA DO FORO

As partes elegem o Foro Central da Capital do Estado de São Paulo para dirimir quaisquer dúvidas ou questões decorrentes do presente contrato, com a exclusão de qualquer outro, por especial ou privilegiado que seja.

E, por estarem assim justos e contratados, firmam, juntamente com as testemunhas abaixo, o presente contrato em 4 (quatro) vias de igual teor e validade.

São Paulo, _____

QUOTISTAS:

Nome

Nome

Nome

TESTEMUNHAS:

Nome

Nome

Nome

Nome

BIBLIOGRAFIA

- BASTIDE, Roger. *Brasil – terra de contrastes*. Editora Difusão Européia do Livro, 1959.
- CARVALHOSA, Modesto de Souza Barros. *Acordo de Acionistas*. Editora Saraiva, 1984.
Comentários ao Código Civil. Editora Saraiva, 2003.
- COELHO ULHOA, Fábio. *A Sociedade Limitada no Novo Código Civil*. Editora Saraiva, 2003.
- COHN, Mike. *Passando a tocha*. Makron Books, 1991.
- FISCHER, Roger & URY, William. *Como chegar ao sim*. Imago Editora Ltda., 1985.
- GALBRAITH, John Kenneth. *A era da incerteza*. Editora Pioneira, 1979.
- LODI, João Bosco. *Lobby e holding*. Editora Pioneira, 1982.
- _____. *Sucessão e conflito na empresa familiar*. Editora Pioneira, 1987.
- TOFLER, Alvin. *A terceira onda*. 8ª ed., Editora Record, 1980.
- WEBER, Max. *A Ética Protestante e o Espírito do Capitalismo*. Editora Presença, 1996.
- WALD, Arnold. *Direito das Sucessões*. Editora Revista dos Tribunais, 1993.

obra executada nas oficinas do
INSTITUTO BRASILEIRO DE EDIÇÕES PEDAGÓGICAS
Av. Alexandre Mackenzie, 619 - Jaguaré - SP - CEP 05322-000
Tel.: (11) 6099 7799 (PABX) - Caixa Postal 66.201 - São Paulo - Brasil
editoras@ibep-nacional.com.br

Sucessão na empresa familiar